школа - skule	2
подорож - reise	5
транспорт - transport	8
місто - by	10
ландшафт - landskap	14
ресторан - restaurant	17
супермаркет - matbutikk	20
напої - drikkevarer	22
їжа - mat	23
ферма - bondegard	27
дім - hus	31
вітальня - stove	33
кухня - kjøken	35
ванна кімната - bad	38
дитяча кімната - barnerom	42
одяг - klede	44
офіс - kontor	49
економіка - økonomi	51
професії - yrker	53
інструменти - verktøy	56
музичні інструменти - musikkinstrument	57
зоопарк - dyrehage	59
спорт - sport	62
дії - aktivitetar	63
сім'я - familie	67
тіло - kropp	68
лікарня - sykehus	72
аварійний випадок - naudsituasjon	76
Земля - jorda	77
годинник - klokke	79
тиждень - veke	80
рік - år	81
форми - former	83
фарби - fargar	84
протилежності - motsetnader	85
числа - tal	88
мови - språk	90
хто / що / як - kven / kva / korleis	91
де - kvar	92

Impressum
Verlag: BABADADA GmbH, Nedderfeld 112 , 22529 Hamburg
Geschäftsführer / Verlagsleitung: Harald Hof
Druck: Books on Demand GmbH, In de Tarpen 42, 22848 Norderstedt

Imprint
Publisher: BABADADA GmbH, Nedderfeld 112 , 22529 Hamburg, Germany
Managing Director / Publishing direction: Harald Hof
Print: Books on Demand GmbH, In de Tarpen 42, 22848 Norderstedt, Germany

школа
skule

- ділити / dividere
- 186/2
- дошка / tavle
- класна кімната / klasserom
- шкільний двір / skulegard
- вчитель / lærar
- папір / papir
- ручка / penn
- писати / skrive
- письмовий стіл / pult
- лінійка / linjal
- книга / bok
- учень / elev

ранець
ransel

пенал
pennal

олівець
blyant

точило
blyantspissar

гумка
viskelær

альбом для малювання
teikneblokk

малюнок
teikning

пензель
pensel

коробка фарб
målarskrin

ножиці
saks

клей
lim

зошит
arbeidsbok

домашнє завдання
lekse

число
tal

додавати
addere

віднімати
subtrahere

множити
multiplisere

рахувати
rekne

літера
bokstav

абетка
alfabet

слово
ord

школа - skule

текст
tekst

читати
lese

крейда
krit

година
skuletime

класний журнал
klassebok

екзамен
eksamen

диплом
vitnemål

шкільна форма
skuleuniform

освіта
utdanning

лексикон
leksikon

університет
universitet

мікроскоп
mikroskop

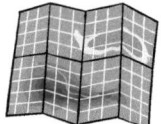
карта
kart

кошик для паперу
papirkorg

школа - skule

подорож

reise

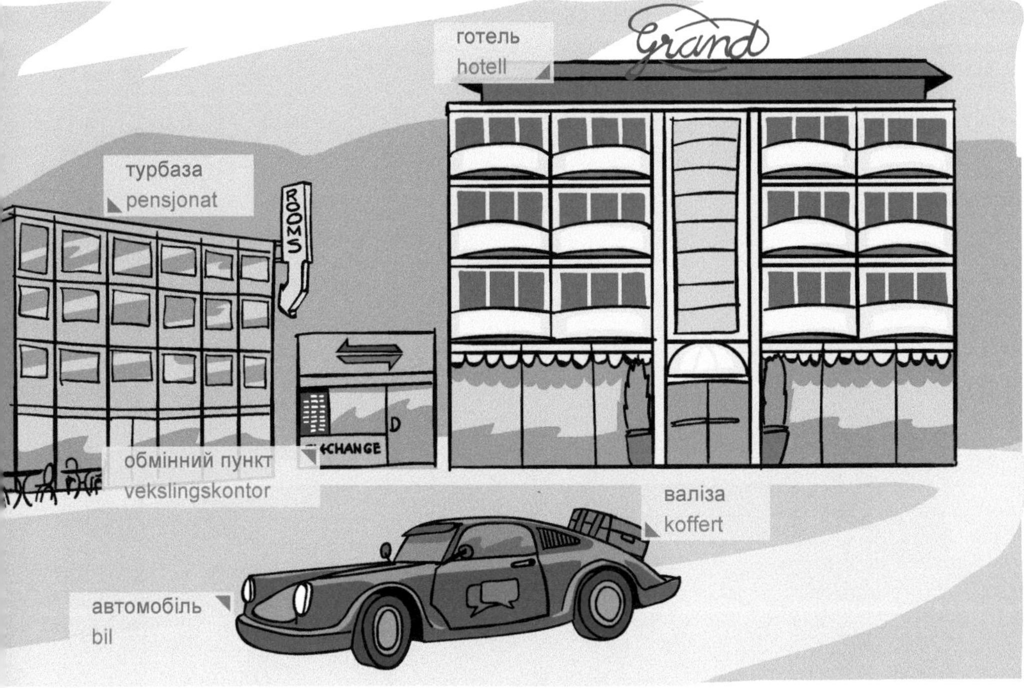

готель
hotell
Grand
турбаза
pensjonat
ROOMS
обмінний пункт
vekslingskontor
CHANGE
валіза
koffert
автомобіль
bil

мова

språk

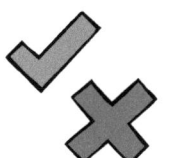

так / ні

ja / nei

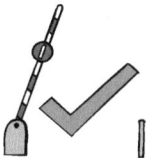

добре

okay

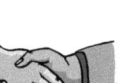

привіт

Hei

перекладач

tolk

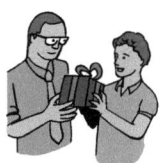

дякую

takk skal du ha

Скільки коштує ...? Kva kostar...?	Я не розумію Eg forstår ikkje	проблема problem

Добрий вечір! God kveld!	Доброго ранку! God morgon!	На добраніч! God natt!

До побачення ha det bra	напрямок retning	багаж bagasje

сумка veske	рюкзак ryggsekk	гість gjest

кімната rom	спальний мішок sovepose	намет telt

туристична інформація
turistinformasjon

пляж
strand

кредитна картка
kredittkort

сніданок
frukost

обід
lunsj

вечеря
middag

квиток
billett

ліфт
heis

поштова марка
stempel

межа
grense

митниця
toll

посольство
ambassade

віза
visum

паспорт
pass

подорож - reise

7

транспорт
transport

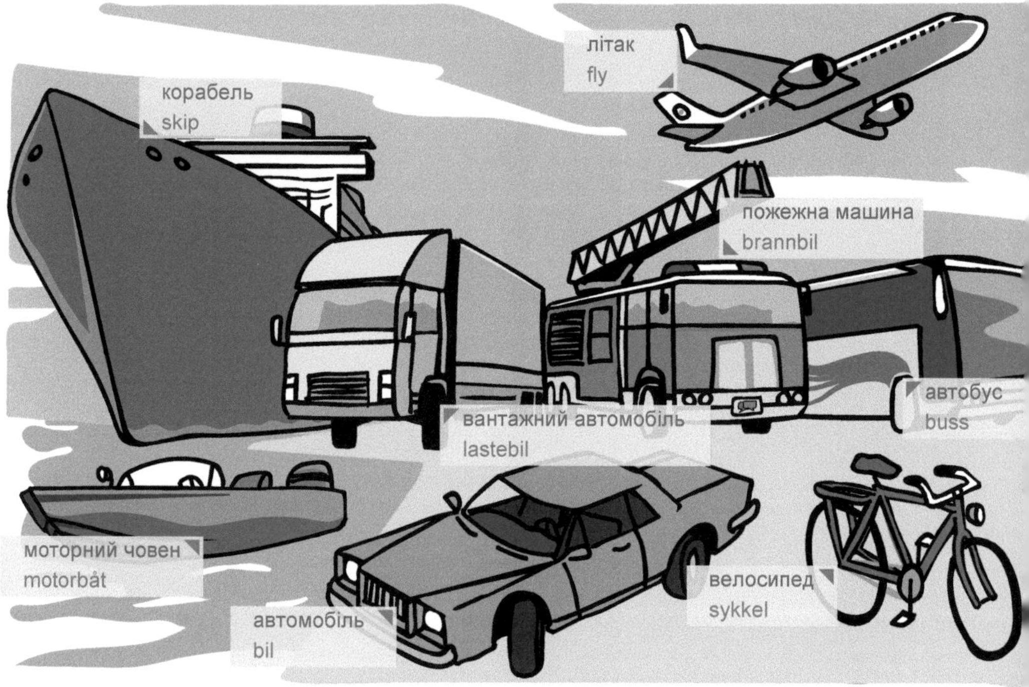

літак
fly

корабель
skip

пожежна машина
brannbil

вантажний автомобіль
lastebil

автобус
buss

моторний човен
motorbåt

велосипед
sykkel

автомобіль
bil

пором
ferje

човен
båt

мотоцикл
motorsykkel

поліцейська машина
politibil

гоночний автомобіль
racerbil

автомобіль на прокат
leigebil

транспорт - transport

льне користування авто / bilkollektiv
евакуатор / bergingsbil
сміттєвоз / søppelbil

двигун / motor
паливо / drivstoff
автозаправна станція / bensinstasjon

 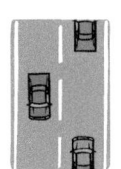 

дорожній знак / trafikkskilt
рух / trafikk
затор / trafikkork

стоянка / parkeringsplass
вокзал / togstasjon
рейки / skine

 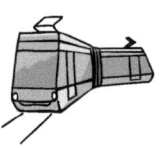 

потяг / tog
трамвай / trikk
вагон / vogn

транспорт - transport

гелікоптер

helikopter

аеропорт

flyplass

вежа

tårn

пасажир

passasjer

контейнер

konteinar

коробка

kartong

візок

tralle

кошик

kurv

стартувати / приземлятися

starte / lande

місто
by

село

landsby

центр міста

sentrum

дім

hus

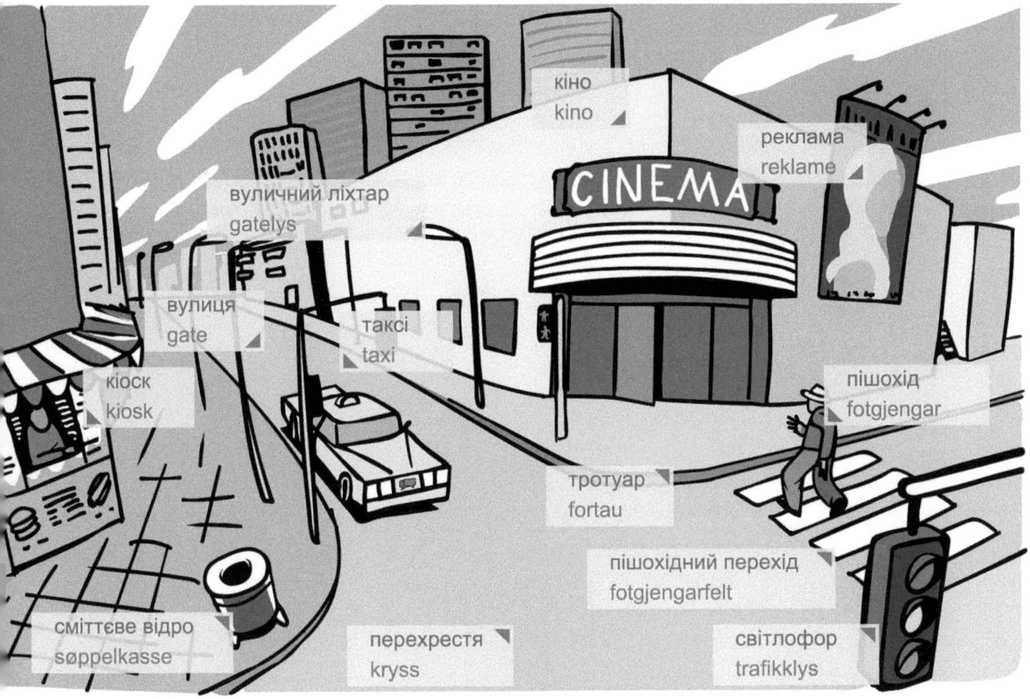

хатина	квартира	вокзал
hytte	leilegheit	togstasjon

ратуша	музей	школа
rådhus	museum	skule

місто - by

університет

universitet

банк

bank

лікарня

sykehus

готель

hotell

аптека

apotek

офіс

kontor

книжковий магазин

bokhandel

магазин

butikk

квітковий магазин

blomsterbutikk

супермаркет

matbutikk

ринок

marknad

універмаг

varehus

торговець рибою

fiskehandlar

торговельний центр

kjøpesenter

гавань

hamn

місто - by

парк
park

лава
benk

міст
bro

сходи
trapp

метро
t-bane

тунель
tunnel

автобусна зупинка
busstopp

бар
bar

ресторан
restaurant

поштова скринька
postkasse

вулична табличка
gateskilt

лічильник паркування
parkometer

зоопарк
dyrehage

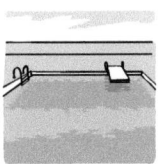

басейн
svømmebasseng

мечеть
moské

місто - by

13

ферма
bondegard

забруднення навколишнього середовища
miljøforurensing

кладовище
kyrkjegard

церква
kyrkje

дитячий майданчик
leikeplass

храм
tempel

ландшафт
landskap

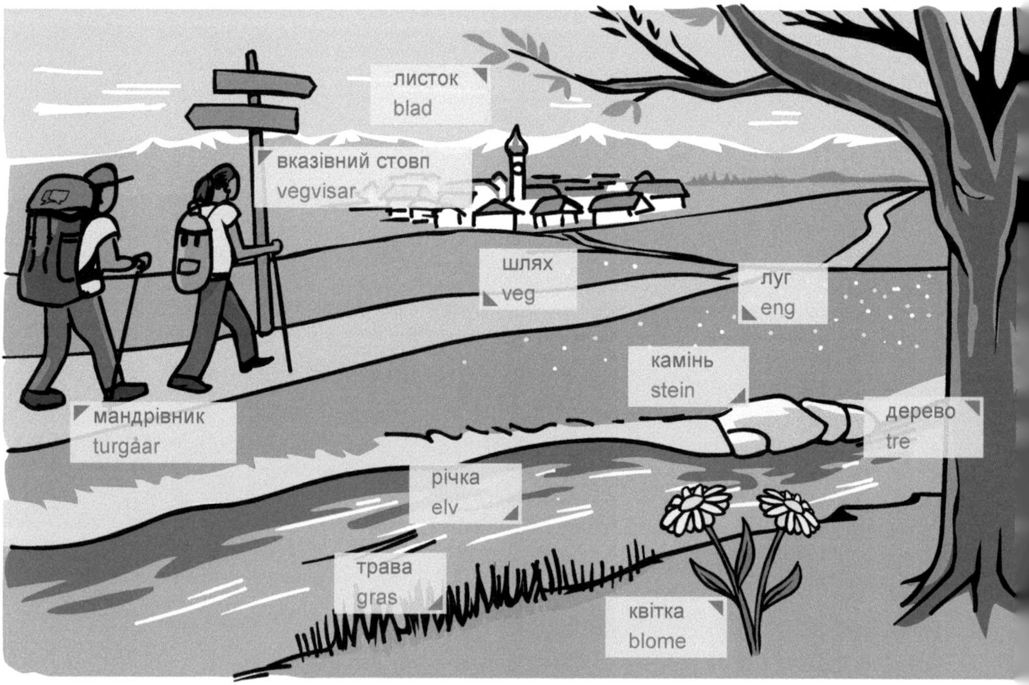

листок - blad
вказівний стовп - vegvisar
шлях - veg
луг - eng
камінь - stein
дерево - tre
мандрівник - turgåar
річка - elv
трава - gras
квітка - blome

14   ландшафт - landskap

долина
dal

гора
fjell

озеро
innsjø

ліс
skog

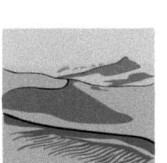
пустеля
ørken

вулкан
vulkan

замок
slott

веселка
regnboge

гриб
sopp

пальма
palmetre

комар
mygg

муха
fluge

мурашка
maur

бджола
bie

павук
edderkopp

ландшафт - landskap

жук
bille

жаба
frosk

вивірка
ekorn

їжак
piggsvin

заєць
hare

сова
ugle

птах
fugl

лебідь
svane

кабан
villsvin

олень
hjort

лось
elg

гребля
demning

вітряк
vindturbin

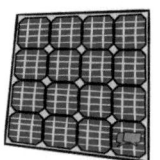

сонячний модуль
solcellepanel

клімат
klima

ландшафт - landskap

ресторан
restaurant

закуска
forrett

друга страва
hovudrett

десерт
dessert

напої
drikkevarer

їжа
mat

пляшка
flaske

фаст-фуд
hurtigmat

вулична їжа
gatemat

чайник
tekanne

цукорниця
sukkerskål

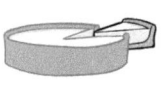

порція
porsjon

еспресо-машина
espressomaskin

високий стільчик
barnestol

рахунок
rekning

піднос
brett

ніж
kniv

вилка
gaffel

ложка
skei

чайна ложка
teskei

серветка
serviett

склянка
glas

ресторан - restaurant

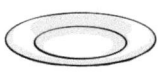
тарілка
tallerken

тарілка для супу
suppetallerken

блюдце
skål

соус
saus

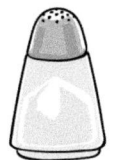
солонка
saltbøsse

млин для перцю
pepparkvern

оцет
eddik

масло
olje

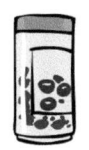 
спеції
krydder

кетчуп
ketsjup

гірчиця
sennep

майонез
majones

ресторан - restaurant

супермаркет
matbutikk

пропозиція
tilbod

клієнт
kunde

молочні продукти
meieriprodukt

фрукти
frukt

візок для покупок
handlevogn

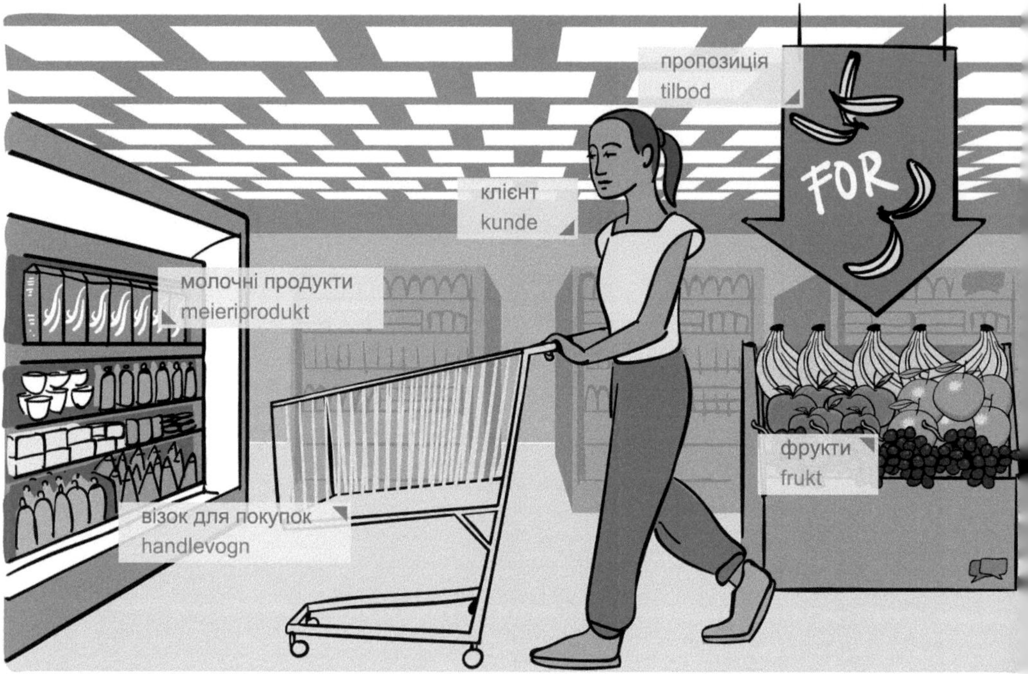

м'ясний магазин

slaktar

пекарня

bakeri

зважувати

vege

овочі

grønnsaker

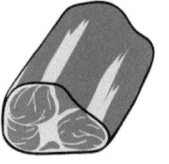

м'ясо

kjøtt

заморожені продукти

frysevarer

супермаркет - matbutikk

ковбасна нарізка
oppskore pålegg

консерви
hermetikk

пральний порошок
vaskepulver

солодощі
godteri

предмети домашнього побуту
hushaldningsprodukt

мийний засіб
reingjeringsmiddel

продавщиця
butikkmedarbeidar

каса
kassaapparat

касир
kasserar

список покупок
handleliste

часи роботи
opningstider

гаманець
lommebok

кредитна картка
kredittkort

сумка
veske

поліетиленовий пакет
plastpose

супермаркет - matbutikk

напої
drikkevarer

вода
vatn

сік
juice

молоко
mjølk

кола
cola

вино
vin

пиво
øl

алкоголь
alkohol

какао
kakao

чай
te

кава
kaffi

еспресо
espresso

капучіно
cappuccino

їжа
mat

банан
banan

яблуко
eple

апельсин
appelsin

кавун
melon

лимон
sitron

морква
gulrot

часник
kvitlauk

бамбук
bambus

цибуля
løk

гриб
sopp

горішки
nøtter

локшина
nudlar

спагеті
spagetti

рис
ris

салат
salat

картопля фрі
pommes frites

смажена картопля
steikte poteter

піца
pizza

гамбургер
hamburger

бутерброд
sandwich

шніцель
kotelett

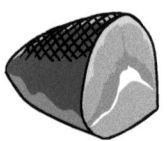
шинка
skinke

салямі
salami

ковбаса
pølse

курка
kylling

печеня
steik

риба
fisk

вівсяні пластівці

havregryn

мюслі

müsli

кукурудзяні пластівці

cornflakes

борошно

mjøl

круасан

croissant

булочка

rundstykke

хліб

brød

тостовий хліб

rista brød

печиво

kjeks

масло

smør

сир

kvarg

пиріг

kake

яйце

egg

яєчня

speilegg

сир

ost

їжа - mat

морозиво	цукор	мед
iskrem	sukker	honning

мармелад	нуга-крем	карі
syltetøy	sjokoladepålegg	karri

ферма
bondegard

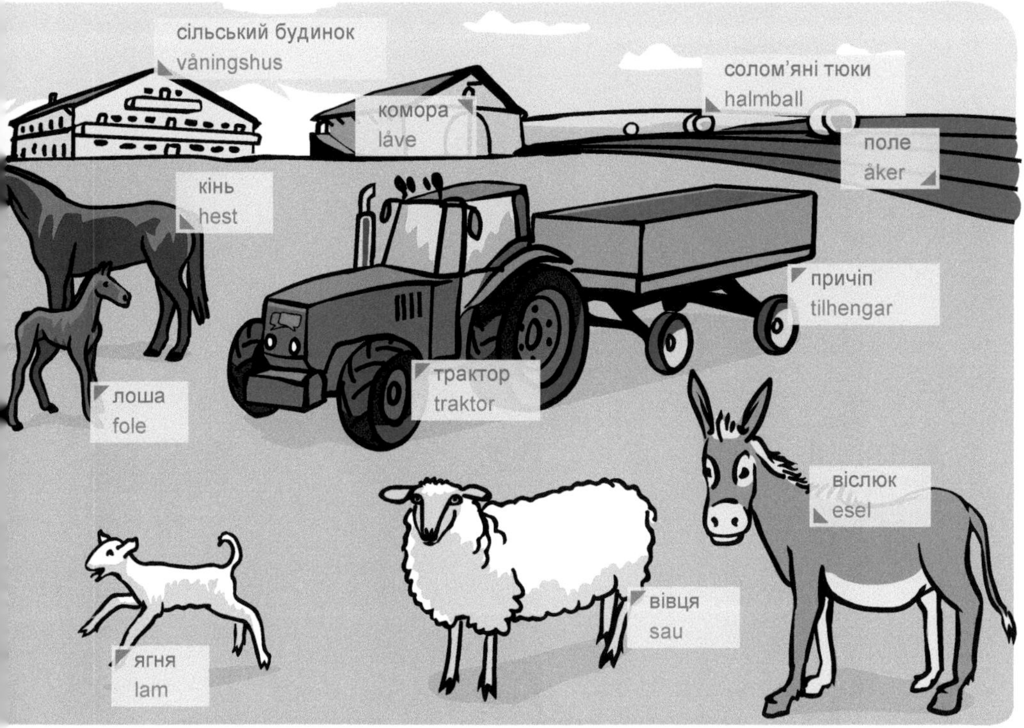

сільський будинок / våningshus
комора / låve
солом'яні тюки / halmball
поле / åker
кінь / hest
причіп / tilhengar
лоша / fole
трактор / traktor
віслюк / esel
вівця / sau
ягня / lam

коза
geit

корова
ku

теля
kalv

свиня
gris

порося
grisunge

бик
okse

гусак
gås

качка
and

курча
kylling

курка
høne

півень
hane

щур
rotte

кіт
katt

миша
mus

віл
okse

собака
hund

собача будка
hundehus

садовий шланг
hageslange

лійка
vasskanne

коса
ljå

плуг
plog

ферма - bondegard

серп
sigd

мотика
hakke

вила
høygaffel

сокира
øks

тачка
trillebår

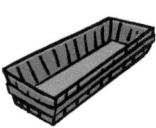
корито
trau

бідон молока
mjølkekanne

мішок
sekk

паркан
gjerde

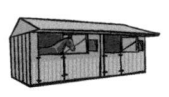
хлів
fjøs

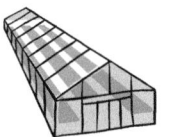
теплиця
drivhus

ґрунт
jord

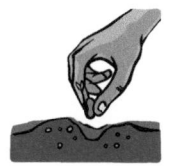
насіння
frø

добриво
gjødsel

комбайн
skurtreskar

ферма - bondegard

пожинати

hauste

урожай

innhausting

корінь ямсу

yams

пшениця

kveite

соя

soja

картопля

potet

кукурудза

mais

ріпак

raps

плодове дерево

frukttre

маніок

kassava

злаки

korn

ферма - bondegard

дім
hus

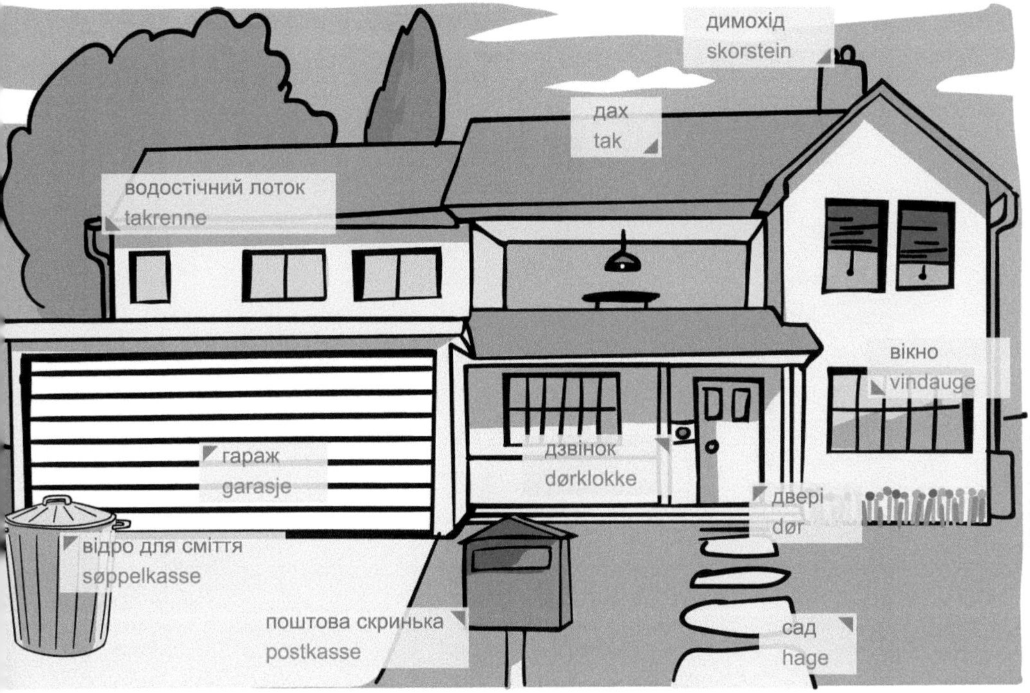

димохід
skorstein

дах
tak

водостічний лоток
takrenne

вікно
vindauge

гараж
garasje

дзвінок
dørklokke

двері
dør

відро для сміття
søppelkasse

поштова скринька
postkasse

сад
hage

вітальня
stove

ванна кімната
bad

кухня
kjøken

спальня
soverom

дитяча кімната
barnerom

їдальня
spisestove

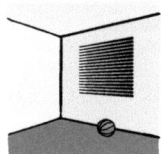

підлога
golv

стіна
vegg

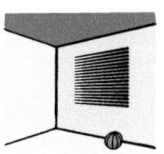

стеля
tak

підвал
kjellar

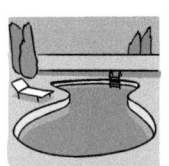

сауна
badstove

балкон
balkong

тераса
terrasse

басейн
svømmebasseng

косарка
grasklippar

простирало
laken

ковдра
dyne

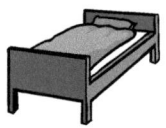

ліжко
seng

мітла
kost

відро
bøtte

перемикач
brytar

дім - hus

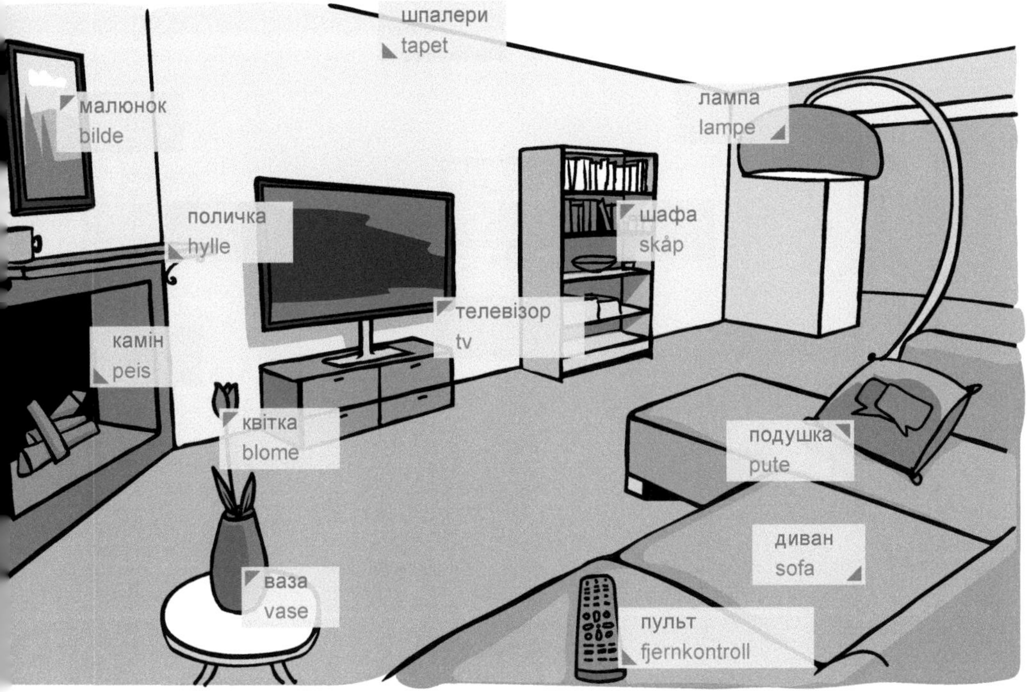

вітальня
stove

- шпалери / tapet
- малюнок / bilde
- лампа / lampe
- поличка / hylle
- шафа / skåp
- камін / peis
- телевізор / tv
- квітка / blome
- подушка / pute
- ваза / vase
- диван / sofa
- пульт / fjernkontroll

килим
golvteppe

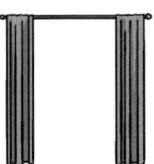

завіса
gardin

стіл
bord

стілець
stol

крісло-гойдалка
gyngestol

крісло
lenestol

книга / bok	ковдра / teppe	прикраса / dekorasjon

дрова / ved	фільм / film	стереосистема / stereoanlegg

ключ / nøkkel	газета / avis	картина / måleri

плакат / plakat	радіо / radio	блокнот / notatblokk

пилосос / støvsugar	кактус / kaktus	свічка / lys

вітальня - stove

кухня
kjøken

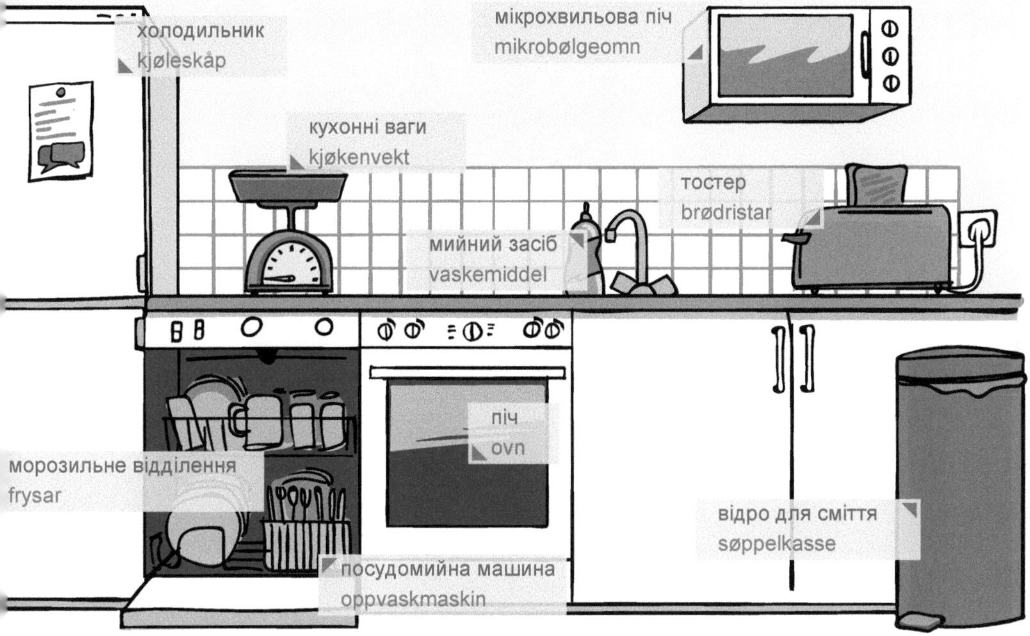

холодильник
kjøleskåp

мікрохвильова піч
mikrobølgeomn

кухонні ваги
kjøkenvekt

тостер
brødristar

мийний засіб
vaskemiddel

піч
ovn

морозильне відділення
frysar

відро для сміття
søppelkasse

посудомийна машина
oppvaskmaskin

плита
komfyr

горщик
gryte

чавунний горщик
jarngryte

вок / кадай
wokpanne

сковорода
panne

чайник
vatnkokar

пароварка
dampovn

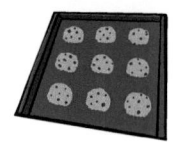

лист
steikebrett

посуд
servise

кухоль
krus

чаша
bolle

палички для їжі
spisepinnar

черпак
ause

лопатка
steikespade

вінчик для збивання
visp

сито
sil

сито
sil

терка
rivjarn

ступка
mørtel

барбекю
grill

багаття
bål

дошка
skjærefjøl

качалка
kjevle

штопор
korketrekkar

консерва
boks

відкривачка
boksopnar

прихватки
gryteklut

раковина
vask

щітка
børste

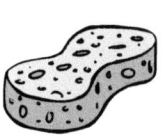

губка
svamp

міксер
blender

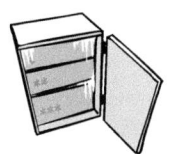

морозильна камера
fryseboks

дитяча пляшка
tåteflaske

кран
kran

кухня - kjøken

ванна кімната
bad

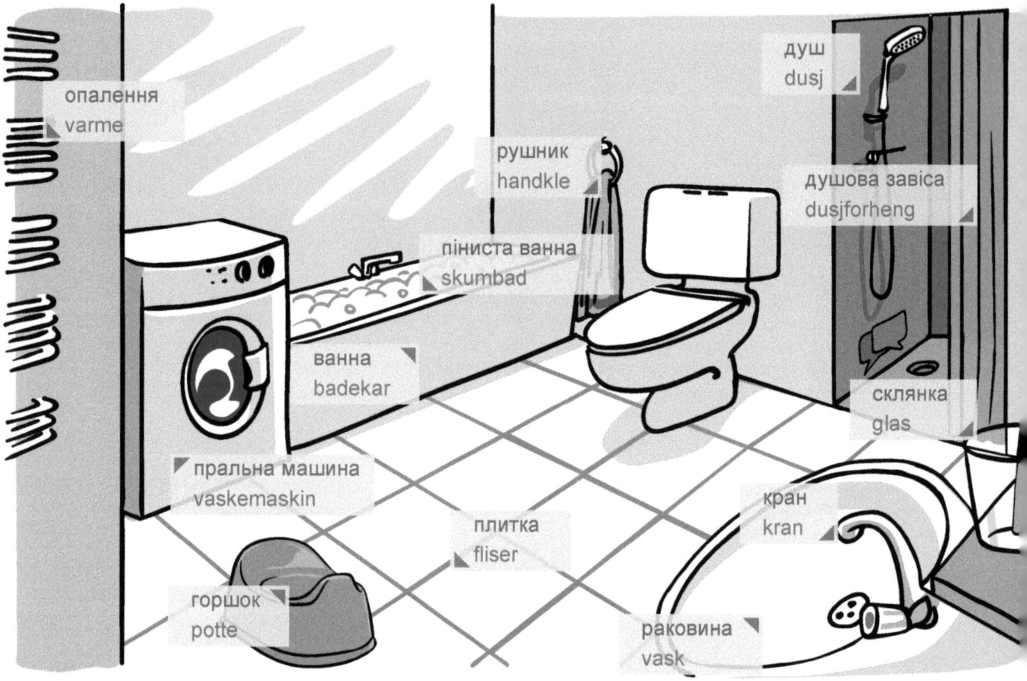

- опалення — varme
- душ — dusj
- рушник — handkle
- душова завіса — dusjforheng
- пінистa ванна — skumbad
- ванна — badekar
- склянка — glas
- пральна машина — vaskemaskin
- плитка — fliser
- кран — kran
- горшок — potte
- раковина — vask

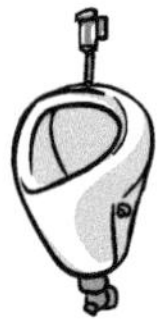

туалет	підлоговий туалет	біде
toalett	ståtoalett	bidet
пісуар	туалетний папір	щітка для туалету
pissoar	toalettpapir	toalettbørste

зубна щітка
tannbørste

зубна паста
tannkrem

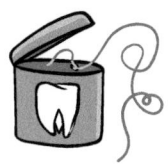

нитка для чищення зубів
tanntråd

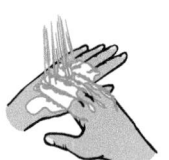

мити
vaske

ручний душ
handdusj

інтимний душ
intimdusj

таз
oppvaskbalje

щітка для спини
ryggbørste

мило
såpe

гель для душу
dusjsåpe

шампунь
sjampo

мочалка
vaskeklut

водостік
avløp

крем
krem

дезодорант
deodorant

ванна кімната - bad

дзеркало

spegel

косметичне дзеркало

handspegel

бритва

barberhøvel

піна для гоління

barberskum

лосьйон після гоління

barberingsvatn

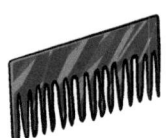

гребінь

kam

щітка

børste

фен

hårfønar

лак для волосся

hårspray

косметика

sminke

губна помада

leppestift

лак для нігтів

naglelakk

вата

bomullsdott

ножиці для нігтів

naglesaks

парфум

parfyme

косметичка
toalettmappe

табурет
krakk

ваги
vekt

халат
badekåpe

гумові рукавички
gummihanskar

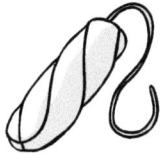
тампон
tampong

гігієнічні прокладки
sanitetsbind

біотуалет
kjemisk toalett

дитяча кімната
barnerom

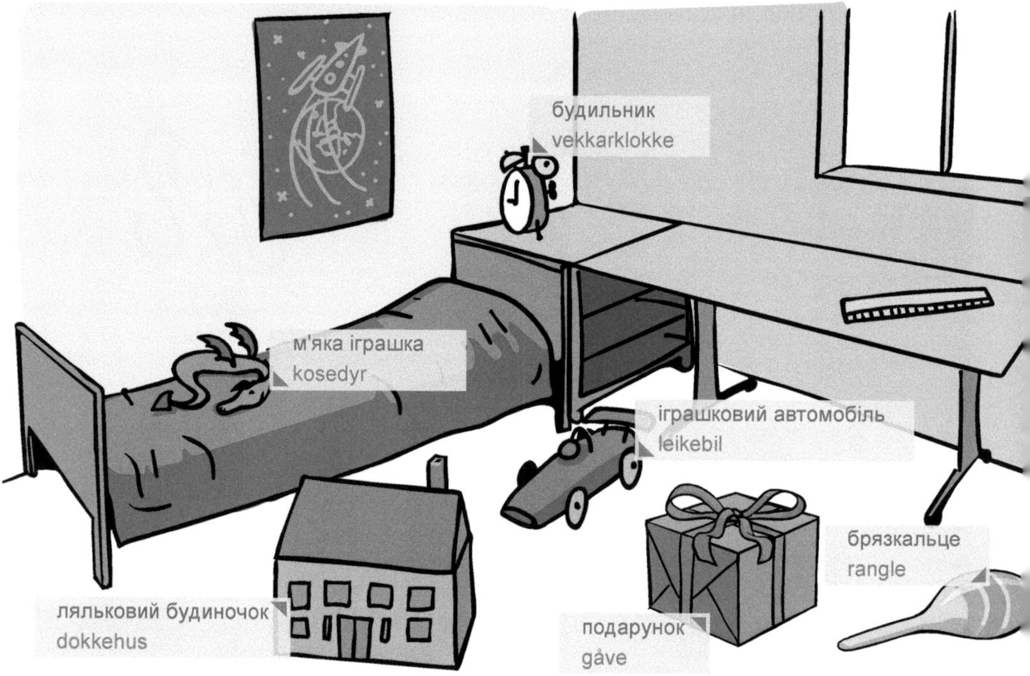

будильник
vekkarklokke

м'яка іграшка
kosedyr

іграшковий автомобіль
leikebil

ляльковий будиночок
dokkehus

подарунок
gåve

брязкальце
rangle

повітряна кулька

ballong

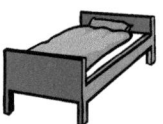

ліжко

seng

дитячий візок

barnevogn

картярська гра

kortstokk

пазл

puslespel

комікс

teikneserie

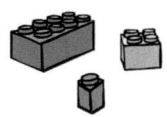

лего цеглинки

legoklossar

блоки

byggjeklossar

іграшкова фігурка

actionfigur

повзунки

sparkebukse

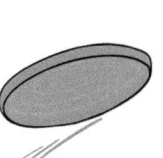

фризбі

frisbee

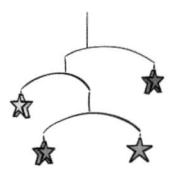

мобіле

uro

настільна гра

brettspel

кубик

terning

модель залізнична станція

togbane

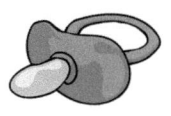

соска

smokk

вечірка

fest

книжка з картинками

biletbok

м'яч

ball

лялька

dokke

грати

leike

дитяча кімната - barnerom

пісочниця
sandkasse

гойдалка
gynge

іграшка
leiketøy

гральна консоль
spelekonsoll

триколісний велосипед
trehjulssykkel

плюшевий мішка
bamse

шафа
garderobeskåp

одяг
klede

шкарпетки
sokker

панчохи
strømper

колготки
strømpebukse

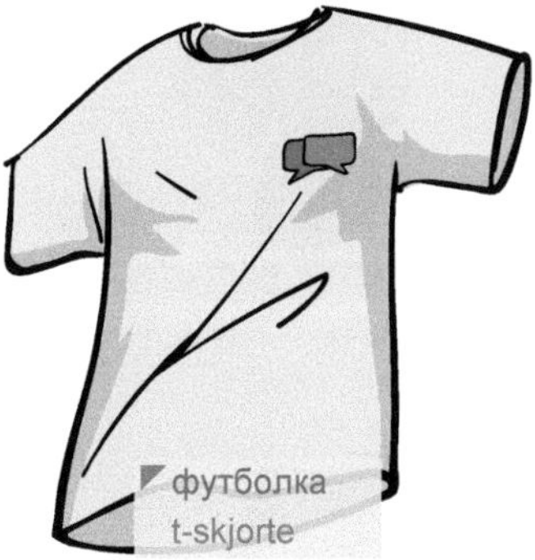

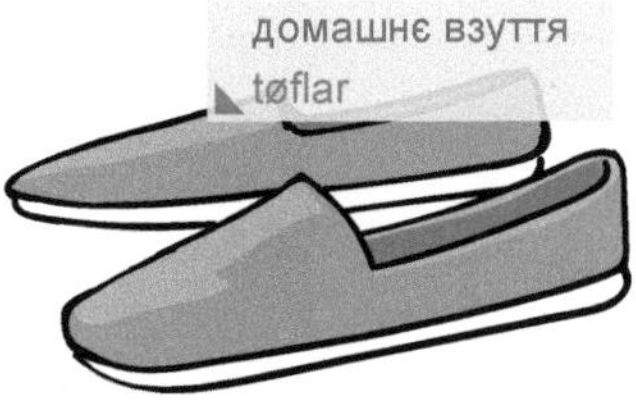

шарф
skjerf

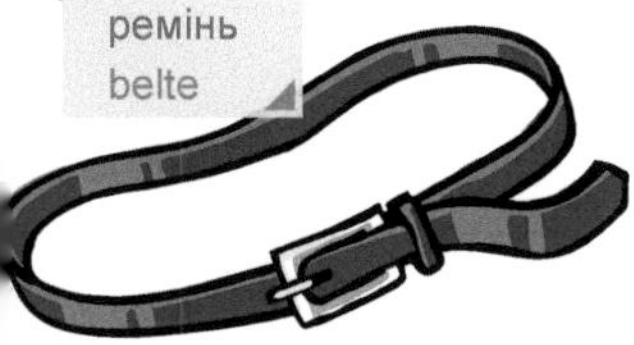

парасоля
paraply

футболка
t-skjorte

ремінь
belte

чоботи
støvlar

домашнє взуття
tøflar

кросівки
sneakers

сандалі
sandalar

взуття
sko

гумові чоботи
gummistøvlar

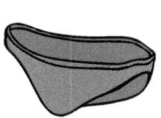
труси
underbukse

бюстгальтер
BH

нижня сорочка
undertrøye

одяг - klede

боді
body

штани
bukse

джинси
dongeribukse

спідниця
skjørt

блузка
bluse

сорочка
skjorte

пуловер
genser

светр
hettegenser

піджак
dressjakke

куртка
jakke

пальто
kåpe

дощовик
regnjakke

костюм
drakt

сукня
kjole

весільна сукня
brudekjole

костюм

dress

нічна сорочка

nattkjole

піжама

pyjamas

сарі

sari

головна хустка

skaut

чалма

turban

бурка

burka

кафтан

kaftan

абая

abaya

купальник

badedrakt

плавки

badebukse

шорти

shorts

тренувальний костюм

treningsklede

фартух

forkle

рукавички

hanskar

гудзик
knapp

окуляри
brille

браслет
armband

ланцюг
kjede

кільце
ring

сережка
øyredobb

шапка
lue

плічка
kleshengar

капелюх
hatt

краватка
slips

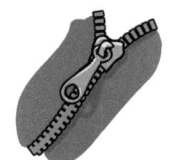

застібка-блискавка
glidelås

шолом
hjelm

підтяжки
bukseselar

шкільна форма
skuleuniform

уніформа
uniform

нагрудник
smekke

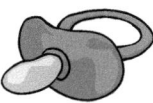
соска
smokk

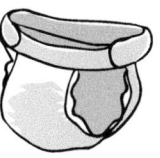
підгузок
bleie

офіс
kontor

- сервер / server
- шаф для документів / arkivskåp
- принтер / skrivar
- монітор / skjerm
- папір / papir
- миша / mus
- письмовий стіл / pult
- папка / perm
- синтезатор / tastatur
- кошик для паперу / papirkorg
- комп'ютер / datamaskin
- стілець / stol

кавовий кухоль
kaffikopp

калькулятор
kalkulator

інтернет
internett

ноутбук
bærbar pc

лист
brev

повідомлення
beskjed

мобільний телефон
mobiltelefon

мережа
nettverk

копіювальний пристрій
kopimaskin

програмне забезпечення
programvare

телефон
telefon

розетка
stikkontakt

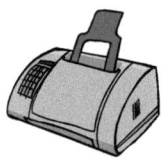
факс
faksmaskin

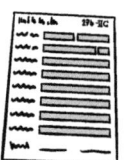
бланк
skjema

документ
dokument

економіка
økonomi

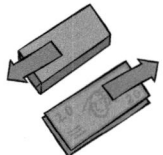

купувати
kjøpe

платити
betale

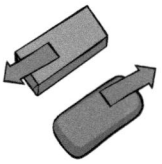

торгувати
handle

гроші
pengar

долар
dollar

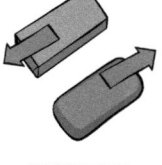

євро
euro

ієна
yen

рубль
rubel

франк
sveitserfranc

юанів женьміньбі
renminbi

рупія
rupi

банкомат
minibank

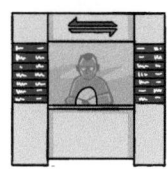

обмінний пункт
vekslingskontor

золото
gull

срібло
sølv

нафта
olje

енергія
energi

ціна
pris

контракт
kontrakt

податок
avgift

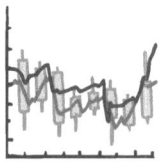

акція
aksje

працювати
jobbe

працівник
tilsett

роботодавець
arbeidsgjevar

фабрика
fabrikk

магазин
butikk

економіка - økonomi

професії
yrker

поліцейський — politibetjent

пожежник — brannmann

повар — kokk

лікар — lækjar

пілот — pilot

садівник
gartnar

столяр
snekkar

швачка
sydame

суддя
dommar

хімік
kjemikar

актор
skodespelar

водій автобуса	таксист	рибалка
bussjåfør	taxisjåfør	fiskar

прибиральниця	покрівельник	офіціант
vaskedame	taktekkar	kelner

мисливець	художник	пекар
jeger	målar	bakar

електрик	будівельник	інженер
elektrikar	bygningsarbeidar	ingeniør

забійник	бляхар	листоноша
slaktar	røyrleggjar	postbud

професії - yrker

солдат
soldat

архітектор
arkitekt

касир
kasserar

флорист
blomsterhandlar

перукар
frisør

кондуктор
konduktør

механік
mekanikar

капітан
kaptein

дантист
tannlege

вчений
forskar

рабин
rabbi

імам
imam

монах
monk

пастор
prest

професії - yrker

інструменти
verktøy

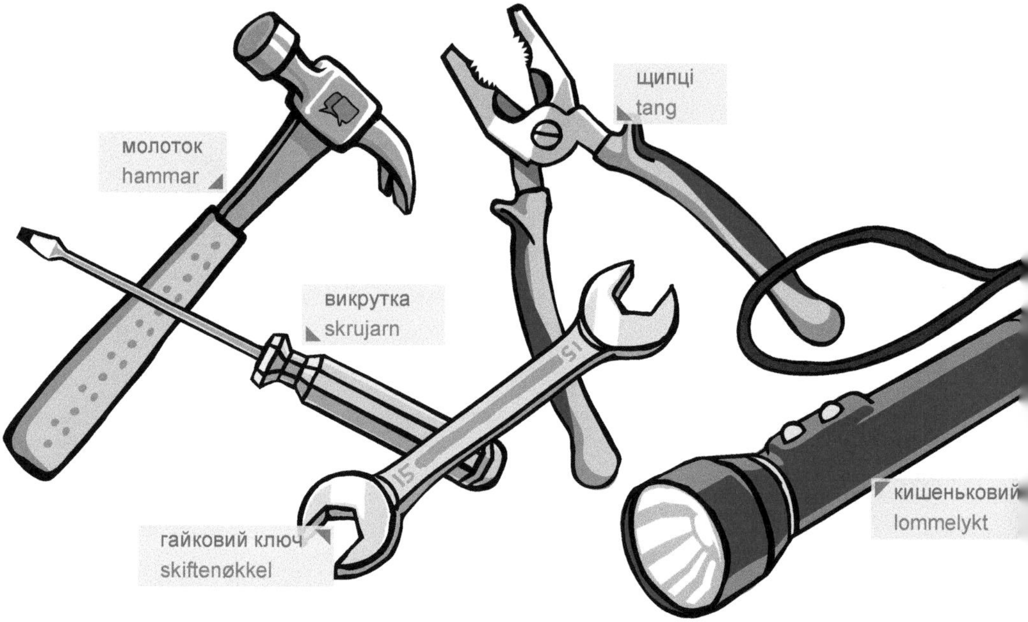

молоток
hammar

щипці
tang

викрутка
skrujarn

гайковий ключ
skiftenøkkel

кишеньковий
lommelykt

екскаватор
gravemaskin

ящик для інструментів
verktøykasse

драбина
stige

пилка
sag

цвяхи
spikar

свердло
bor

ремонтувати
reparere

лопата
spade

лайно!
Søren!

совок
feiebrett

відро з фарбою
målingsspann

гвинти
skruar

музичні інструменти
musikkinstrument

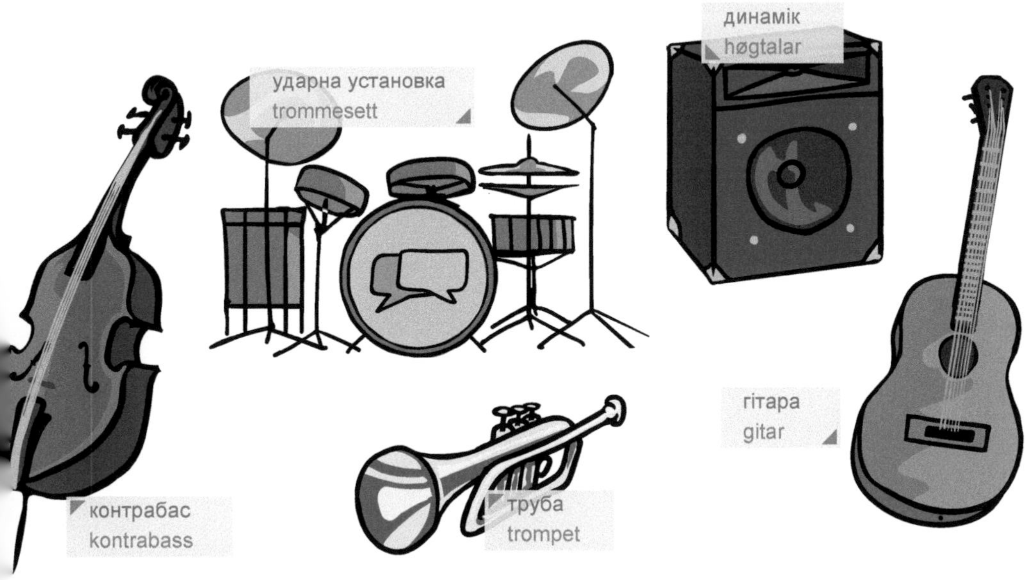

ударна установка
trommesett

динамік
høgtalar

гітара
gitar

контрабас
kontrabass

труба
trompet

фортепіано
piano

скрипка
fiolin

бас
bass

литаври
pauke

барабан
trommer

клавіатура
keyboard

саксофон
saksofon

флейта
fløyte

мікрофон
mikrofon

зоопарк
dyrehage

тигр / tiger
клітка / bur
зебра / sebra
вхід / inngang
корм / dyrefôr
панда / panda

тварини
dyr

слон
elefant

кенгуру
kenguru

носоріг
nashorn

горила
gorilla

ведмідь
bjørn

верблюд
kamel

страус
struts

лев
løve

мавпа
ape

фламінго
flamingo

папуга
papegøye

білий ведмідь
isbjørn

пінгвін
pingvin

акула
hai

павич
påfugl

змія
slange

крокодил
krokodille

працівник зоопарку
dyrepasser

тюлень
sel

ягуар
jaguar

поні
ponni

леопард
leopard

гіпопотам
flodhest

жираф
giraff

орел
ørn

кабан
villsvin

риба
fisk

черепаха
skilpadde

морж
kvalross

лисиця
rev

газель
gaselle

спорт
sport

дії
aktivitetar

- стрибати / hoppe
- сміятися / le
- обіймати / klemme
- співати / syngje
- йти / gå
- молитися / be
- цілувати / kysse
- мріяти / drøyme

писати
skrive

малювати
teikne

показувати
vise

тиснути
trykkje

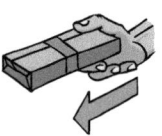

давати
gi

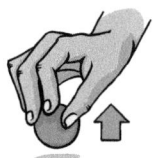

брати
ta

мати
ha

робити
gjere

бути
vere

стояти
stå

бігати
løpe

тягнути
dra

кидати
kaste

падати
falle

лежати
ligge

очікувати
vente

носити
bære

сидіти
sitje

одягати
kle på seg

спати
sove

просипатися
vakne

дії - aktivitetar

дивитися
sjå på

плакати
gråte

гладити
stryke

розчісувати
kjemme

розмовляти
snakke

розуміти
forstå

питати
spørje

слухати
høyre

пити
drikke

їсти
ete

прибирати
rydde

любити
elske

варити
lage mat

їхати
køyre

літати
flyge

йти під вітрилом

segle

рахувати

rekne

читати

lese

вчитися

lære

працювати

jobbe

одружуватися

gifte seg

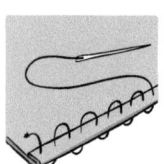

шити

sy

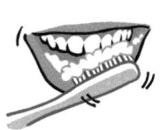

чистити зуби

pusse tenner

убивати

drepe

курити

røykje

посилати

sende

дії - aktivitetar

сім'я
familie

бабуся
bestemor

дідуся
bestefar

батько
far

мати
mor

немовля
baby

донька
dotter

син
son

гість

gjest

тітка

tante

дядько

onkel

брат

bror

сестра

søster

тіло
kropp

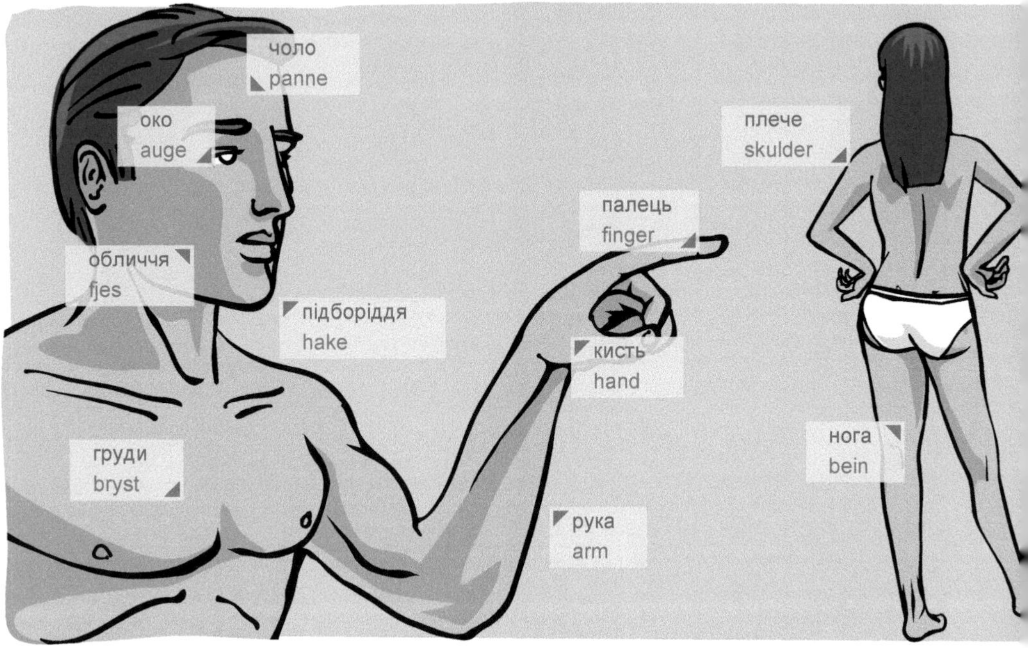

чоло / panne
око / auge
обличчя / fjes
підборіддя / hake
груди / bryst
палець / finger
плече / skulder
кисть / hand
нога / bein
рука / arm

немовля
baby

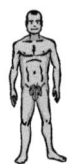

чоловік
mann

жінка
kvinne

дівчина
jente

хлопчик
gut

голова
hovud

спина
rygg

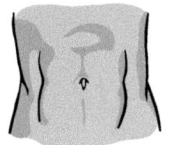

живіт
mage

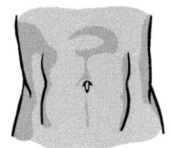

пуп
navle

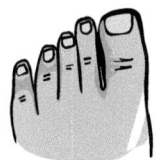

палець ноги
tå

п'ята
hæl

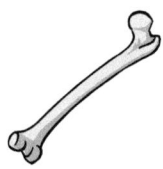

кістка
bein

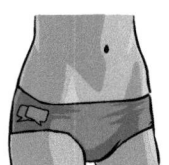

стегно
hofte

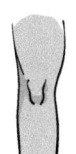

коліно
kne

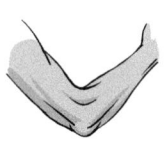

лікоть
olboge

ніс
nase

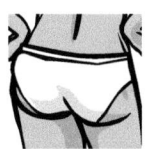

сідниці
rumpe

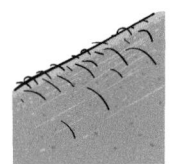

шкіра
hud

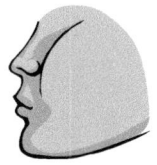

щока
kinn

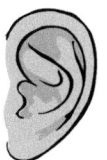

вухо
øyre

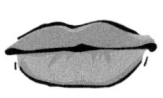

губа
leppe

тіло - kropp

рот
munn

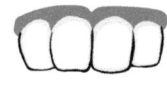

зуб
tann

язик
tunge

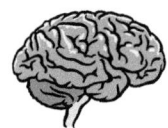

мозок
hjerne

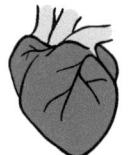

серце
hjarte

м'яз
muskel

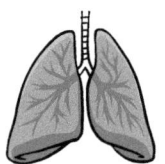

легені
lunge

печінка
lever

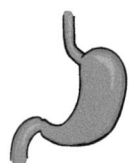

шлунок
magesekk

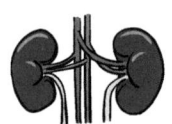

нирки
nyrer

статевий акт
samleie

презерватив
kondom

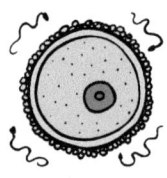

яйцеклітина
eggcelle

сперма
sæd

вагітність
graviditet

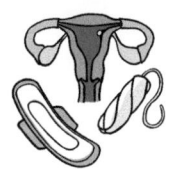  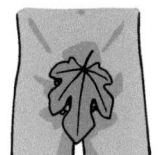

менструація	вагіна	пеніс
menstruasjon	vagina	penis

брова	волосся	шия
augebryn	hår	hals

тіло - kropp

лікарня
sykehus

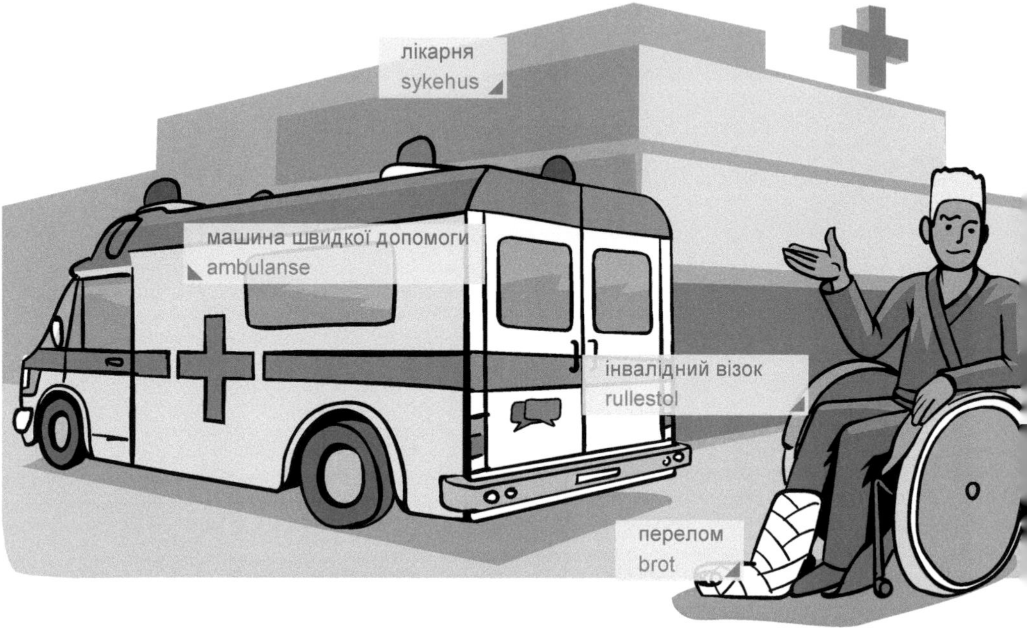

лікарня
sykehus

машина швидкої допомоги
ambulanse

інвалідний візок
rullestol

перелом
brot

лікар

lækjar

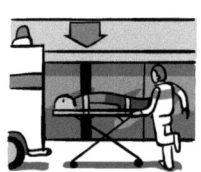

відділення швидкої медичної допомоги

akuttmottak

медсестра

sjukepleiar

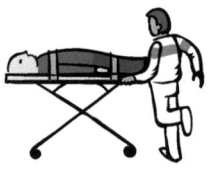

аварійний випадок

naudsituasjon

непритомний

medvitslaus

біль

smerte

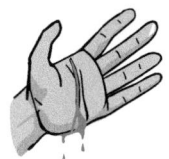

травма
skade

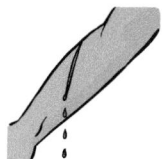

кровотеча
bløding

інфаркт
hjarteinfarkt

інсульт
hjerneslag

алергія
allergi

кашель
hoste

лихоманка
feber

грип
influensa

пронос
diaré

головна біль
hovudpine

рак
kreft

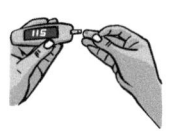

діабет
diabetes

хірург
kirurg

скальпель
skalpell

операція
operasjon

лікарня - sykehus

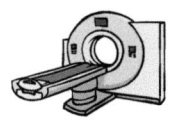 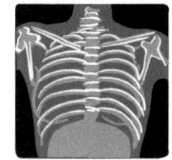 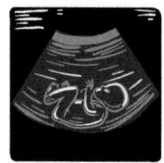

КТ рентген ультразвук
CT røntgen ultralyd

маска хвороба зал очікування
ansiktsmaske sjukdom venterom

милиця пластир пов'язка
krykkje plaster bandasje

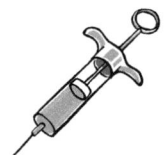 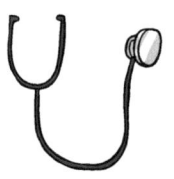 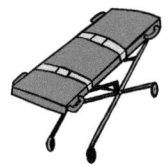

ін'єкція стетоскоп ноші
injeksjon stetoskop båre

термометр народження надмірна вага
klinisk termometer fødsel overvekt

слуховий апарат
høyreapparat

дезінфікуючий засіб
desinfeksjonsmiddel

інфекція
infeksjon

вірус
virus

ВІЛ / СНІД
HIV/AIDS

медицина
medisin

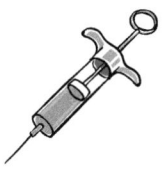
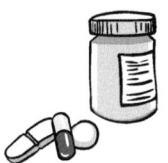

вакцинація
vaksinasjon

таблетки
tablettar

протизаплідна пігулка
pille

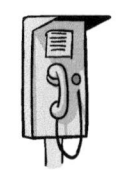

екстрений виклик
nødanrop

тонометр
blodtrykksmålar

хворий / здоровий
sjuk / frisk

лікарня - sykehus

аварійний випадок
naudsituasjon

Допоможіть!
Hjelp!

сигнал тривоги
alarm

напад
overfall

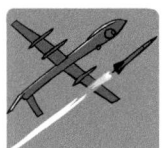
атака
angrep

небезпека
fare

аварійний вихід
naudutgang

Вогонь!
Brann!

вогнегасник
brannsløkkingsapparat

аварія
ulykke

аптечка
førstehjelpsskrin

СОС
SOS

поліція
politi

Земля
jorda

Європа

Europa

Північна Америка

Nord-Amerika

Південна Америка

Sør-Amerika

Африка

Afrika

Азія

Asia

Австралія

Australia

Атлантика

Atlanterhavet

Тихий океан

Stillehavet

Індійський океан

Indiahavet

Антарктичний океан

Sørishavet

Північний Льодовитий океан

Nordishavet

Північний полюс

Nordpolen

Південний полюс
Sørpolen

Антарктика
Antarktis

Земля
jorda

суша
land

море
sjø

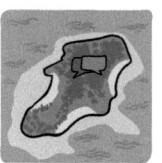

острів
øy

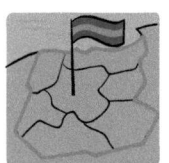

нація
nasjon

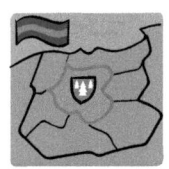

держава
stat

ГОДИННИК
klokke

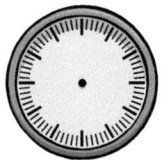

циферблат

urskive

годинникова стрілка

timevisar

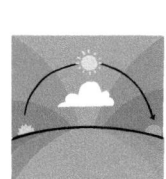

хвилинна стрілка

minuttvisar

секундна стрілка

sekundvisar

Котра година?

Kva er klokka?

день

dag

час

tid

зараз

no

цифровий годинник

digitalklokke

хвилина

minutt

година

time

тиждень
veke

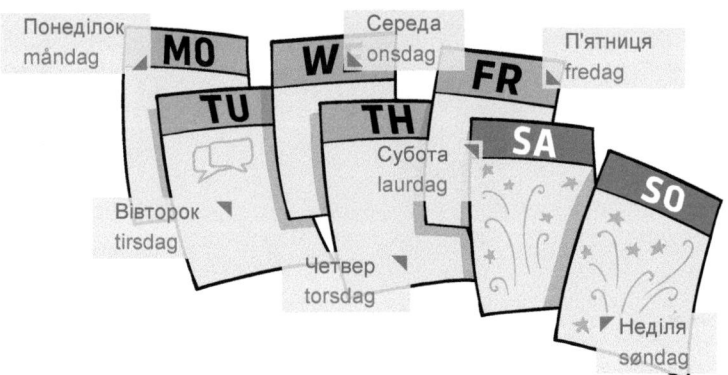

вчора
i går

сьогодні
i dag

завтра
i morgon

ранок
morgon

опівдні
middag

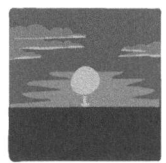
вечір
kveld

робочі дні
arbeidsdag

кінець робочого тижня
helg

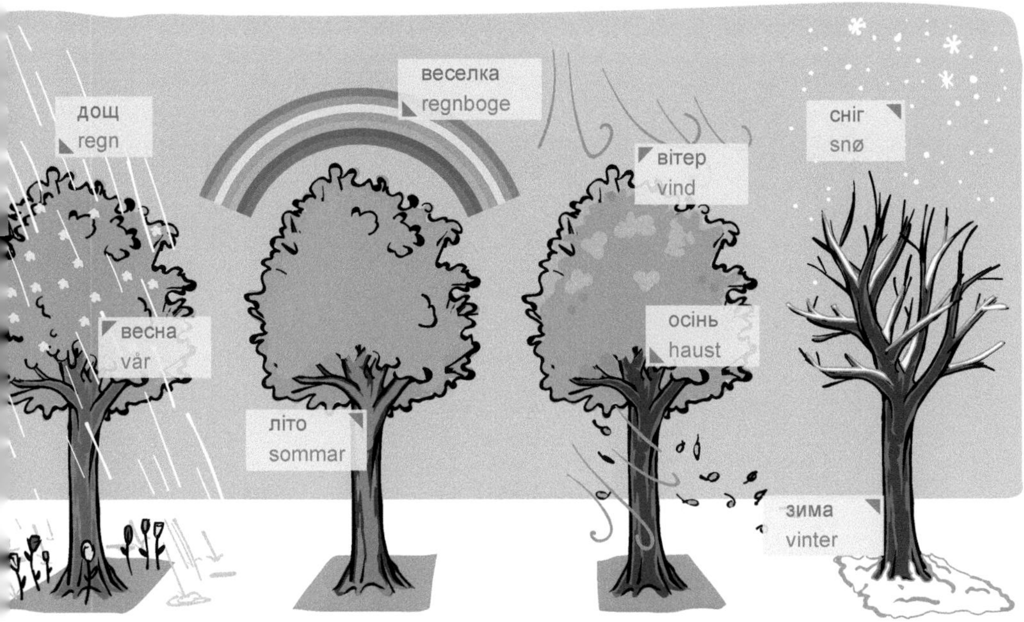

дощ
regn
веселка
regnboge
вітер
vind
сніг
snø
весна
vår
осінь
haust
літо
sommar
зима
vinter

4.APRIL 11°
5.APRIL 4°
6.APRIL 13°
7.APRIL 8°
8.APRIL 10°

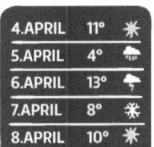

прогноз погоди

vêrmelding

F
C
120
90
60
30
0
-30
40
30
20
10
0
-10
-20

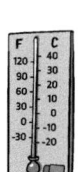

термометр

termometer

сонячне світло

solskin

хмара

sky

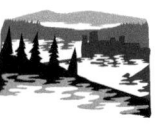

туман

tåke

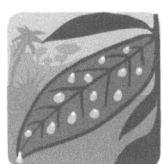

вологість повітря

luftfuktigheit

блискавка
lyn

грім
torden

шторм
storm

град
hagl

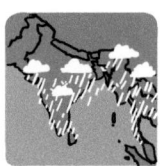

мусон
monsun

повінь
overfløyming

лід
is

Січень
januar

Лютий
februar

Березень
mars

Квітень
april

Травень
mai

Червень
juni

Липень
juli

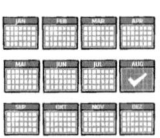

Серпень
august

Вересень
september

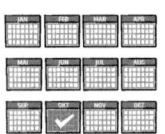
Жовтень
oktober

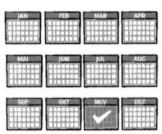
Листопад
november

Грудень
desember

форми
former

круг
sirkel

квадрат
kvadrat

прямокутник
rektangel

трикутник
triangel

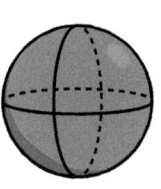
куля
kule

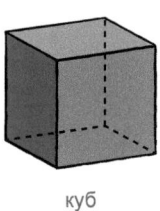
куб
kube

фарби
fargar

білий
kvit

жовтий
gul

помаранчевий
oransje

рожевий
rosa

червоний
raud

фіолетовий
lilla

синій
blå

зелений
grøn

коричневий
brun

сірий
grå

чорний
svart

протилежності
motsetnader

багато / мало
mykje / lite

лютий / мирний
sint / roleg

гарний / бридкий
pen / stygg

початок / кінець
start / slutt

великий / малий
stor / liten

світлий / темний
lys / mørk

брат / сестра
bror / søster

чистий / брудний
rein / skiten

завершений / незавершений
fullstendig / ufullstendig

день / ніч
dag / natt

мертвий / живий
død / levande

широкий / вузький
breid / smal

їстівний / неїстівний

etande / uetande

злий / дружній

ond / snill

збуджений / нудьгуючий

begeistra / lei

товстий / тонкий

tjukk / tynn

спочатку / востаннє

først / sist

друг / ворог

ven / fiende

повний / порожній

full / tom

жорсткий / м'який

hard / mjuk

важкий / легкий

tung / lett

голод / спрага

svolten / tørst

хворий / здоровий

sjuk / frisk

незаконний / законний

ulovleg / lovleg

розумний / дурний

intelligent / dum

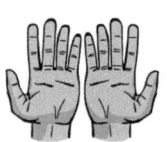

вліво / вправо

venstre / høgre

поруч / далеко

nær / langt unna

овий / використаний
ny / brukt

нічого / щось
ingenting / noko

старий / молодий
gamal / ung

вкл / викл
på / av

відкрито / закрито
open / stengd

тихо / гучно
lågt / høgt

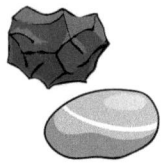

багатий / бідний
rik / fattig

правильно / неправильно
riktig / feil

шорсткий / гладкий
ru / glatt

сумний / щасливий
trist / glad

короткий / довгий
kort / lang

повільно / швидко
langsam / rask

вологий / сухий
vått / tørt

гарячий / холодний
varm / lunken

війна / мир
krig / fred

протилежності - motsetnader

числа
tal

0 нуль / null

1 один / ein

2 два / to

3 три / tre

4 чотири / fire

5 п'ять / fem

6 шість / seks

7 сім / sju

8 вісім / åtte

9 дев'ять / ni

10 десять / ti

11 одинадцять / elleve

12
дванадцять
tolv

13
тринадцять
tretten

14
чотирнадцять
fjorten

15
п'ятнадцять
femten

16
шістнадцять
seksten

17
сімнадцять
sytten

18
вісімнадцять
atten

19
дев'ятнадцять
nitten

20
двадцять
tjue

100
сто
hundre

1.000
тисяча
tusen

1.000.000
мільйон
million

числа - tal

МОВИ
språk

англійська

engelsk

американська англійська

amerikansk engelsk

китайська високочиновницька

mandarin

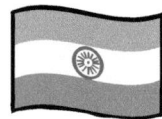

хінді

hindi

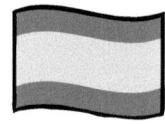

іспанська

spansk

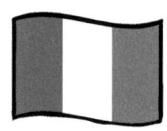

французька

fransk

арабська

arabisk

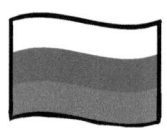

російська

russisk

португальська

portugisisk

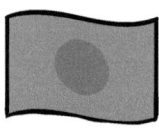

бенгальська

bengali

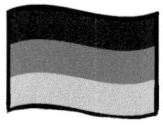

німецька

tysk

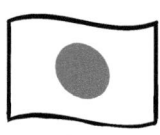

японська

japansk

хто / що / як
kven / kva / korleis

я
eg

ти
du

він / вона / воно
han / ho / det

ми
vi

ви
de

вони
dei

хто?
kven?

що?
kva?

як?
korleis?

де?
kvar?

коли?
når?

ім'я
namn

де
kvar

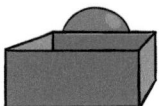

ззаду
bakom

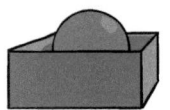

в
i

перед
framfor

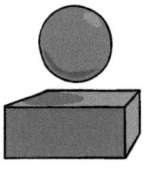

над
over

на
på

під
under

біля
ved sida av

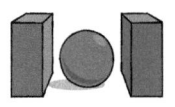

між
mellom

місце
stad